COMMENT DEVENIR
la VEDETTE
D'UNE VIDÉO SUR LE WEB

Du confort de votre maison - Selon votre horaire
Aucune expérience requise

"Le guide essentiel pour être REMARQUÉ sur le net..." ☆☆☆☆☆

ALAIN POMERLEAU

AVERTISSEMENT

Bien que l'auteur aie fait de son mieux pour expliquer les concepts dans ce livre, celui-ci ne garantie aucunement le succès des participants ou les résultats que ceux-ci pourraient atteindre ou non en utilisant les propos de ce livre. La réussite exige des efforts de la part des participants, du temps, ainsi qu'un investissement personnel et parfois financier pour atteindre le meilleur résultat possible.

Pour rejoindre l'auteur ou participer au projet:

www.AlainPomerleau.com
www.artistePOM.com
www.vedettedunevideo.com

THESPIAN Services artistiques
www.thespian.ca
info@thespian.ca
514 518-0352

Crédit photo de POM: Jean-Paul Robichaud
www.portraitsrembrandt.ca

Remerciements

À Christine pour avoir partagé son expérience d'édition de livres et pour sa patience dans tous mes projets artistiques et de business au fil des ans.

À Mozelle, Marek et Francesca pour se plier au jeu et souvent être les premiers comédiens dans mes projets!

À Pierre, Martine, Isabelle et Denis, amis et collaborateurs qui offrent un regard extérieur, avec qui je partage souvent les premiers balbutiements de mes projets.

Ce livre est dédié à mes parents qui m'ont donné l'essentiel pour m'épanouir dans mes deux passions: la course et la création.

Thanks to Mike Koenigs, Ed Rush and Paul Colligan - their expertise and program "Publish & Profit" along with the P&P community enabled the accelerated publication of this book ... and those to come

NOTES

PRÉFACE

Que celui qui n'a jamais rêvé d'être la vedette d'une vidéo ou d'un film... Change de livre!

Je crois que plusieurs d'entre nous, avons déjà rêvé d'être la vedette d'une vidéo ou d'un film. De jouer cette scène dont tout le monde discuterait lors des pauses au bureau ou dans les soirées.

Pour certains, c'est le rôle du comique qu'ils désirent jouer, pour d'autres c'est celui du héros qui sauve la planète ou encore le rôle de celui qui livre un message important au spectateur.

Peu importe le rôle, il y a ce désir commun enfoui en nous qui fait que l'on veut toucher les gens, les émouvoir, laisser notre trace. Mais pour utiliser un vieux cliché; on peut dire que beaucoup sont appelés mais très peu sont élus...

Espérons que les choses vont changer maintenant. Mon intention avec ce livre, est de démystifier le processus de faire partie d'une vidéo et surtout d'ouvrir les portes au plus grand nombre de personnes possibles pour leur permettre de vivre cette expérience inoubliable de devenir la vedette d'une vidéo sur le web.

Mais pour réaliser cette vidéo, ce projet, la raison d'être de ce livre, j'ai besoin de vous, j'ai besoin de votre talent. Je mets à votre disposition mes années d'expérience, mon expertise pour qu'ensemble on puisse diffuser à la planète votre talent par l'entremise d'un divertissement de qualité.

Alain Pomerleau

UN LIVRE INTERACTIF

Ce livre est beaucoup plus que les mots que vous lisez sur ces pages. Ce livre vit sur plusieurs médiums. Il est disponible en version électronique et sur papier. Plusieurs des notions discutées dans ce livre se retrouvent en vidéo de formation. Un site internet accompagne ce livre. Vous lisez présentement un livre qui est interactif par la nature de son propos. Ce livre est l'extension du projet du même nom: COMMENT DEVENIR LA VEDETTE D'UNE VIDÉO SUR LE WEB.

Ce livre vous explique le projet et vous dirige vers le site internet où vous avez accès non seulement aux scènes à filmer si vous désirez y participer, (et j'espère sincèrement que vous aller saisir cette rare opportunité) mais aussi où vous avez accès à plusieurs vidéos de formations gratuites et d'autres bonus que je réserve à ceux qui visitent ce lien: www.vedettedunevideo.com/bonus

Les vidéos, les formations et les bonus sur le web sont des compléments à ce livre. Donc je vous recommande fortement d'aller immédiatement vers ce lien www.vedettedunevideo.com/bonus pour vous inscrire et avoir accès à tous ces avantages.

Je vous avertis d'avance, ce livre n'est pas complet. Il lui manque, entre autres, un élément primordial: VOTRE PARTICIPATION. Pendant plus de 20 ans dans ce métier, j'ai produit et réalisé plusieurs projets où je prenais tout en charge. Mais dans ce projet, par extension dans ce livre, l'intention est d'ouvrir le processus pour que vous puissiez y participer. Donc ce livre est incomplet sans votre apport.

Les questions, les commentaires, les suggestions que vous aurez au fur et à mesure que vous lisez ce livre, le feront évoluer et il en sera de même avec les versions subséquentes. La version électronique de ce livre sera mise à jour régulièrement pour tenir compte de vos suggestions et commentaires. Donc n'hésitez pas à communiquez avec moi à l'adresse suivante: support@vedettedunevideo.com

Par exemple, vos questions m'aideront à préciser comment je peux améliorer mes explications pour permettre à quiconque qui le désire de participer à ce projet. Car l'un des défis qui résulte d'une expertise dans un domaine, est de se remettre dans les souliers du débutant. Il se peut que j'aie sauté des étapes parce qu'elles sont devenues trop évidentes pour moi. Alors, vos questions m'aideront à y remédier. Je veux rendre le processus le plus simple possible mais aussi le plus clair possible. Vos questions et commentaires me permettront d'y arriver.

Également, si vous trouvez des erreurs de frappe, vous seriez bien aimable de m'envoyer un courriel à l'adresse suivante: support@vedettedunevideo.com pour que j'y remédie.

Un autre élément à garder à l'esprit est le suivant: tout comme ce projet, qui est bâtit dans un environnement de respect, les suggestions et commentaires doivent également être faits dans ce sens. Il se peut fort bien que vous découvriez que cette opportunité ne soit pas pour vous. Si tel est le cas, au lieu de vous en prendre à ce livre ou à l'auteur, vous pouvez simplement retourner sur Amazon et trouver un autre livre qui est plus apte à répondre à vos intérêts.

Personnellement, je trouve curieux de voir qu'autant de gens passent du temps à émettre des commentaires si négatifs sur le web. À l'ampleur qu'a l'internet, il est tellement plus sain et plus simple de cliquer ailleurs si on n'aime pas, dans le but de trouver un site qui reflète davantage nos intérêts. Espérons qu'on n'en arrivera pas là et que vous aimerez le livre et ce projet. Il se peut aussi que vous connaissiez quelqu'un dans votre entourage qui pourrait bénéficier de ce livre; dans ce cas, n'hésitez pas à le recommander ou à les inciter à visiter www.vedettedunevideo.com

Si vous aimez et j'espère que ce sera le cas, n'hésitez pas à participer, je ferai de mon mieux, et de façon respectueuse, pour vous aider à faire ressortir votre talent.

GRATUIT
FORMATION PAR VIDÉO ET MISES À JOUR DU LIVRE

Pour recevoir de la formation gratuite par vidéo, les mises à jour du livre, avoir accès à des ressources supplémentaires et aux autres bonus qui accompagnent ce livre, visitez:
www.vedettedunevideo.com/bonus

COMMENT ÇA MARCHE - UN JEU D'ENFANTS

SCÈNE 1
INT. DANS VOTRE TÊTE - RETOUR DANS LE PASSÉ
Retournez quelques années en arrière, dans votre enfance, rappelez-vous comment c'était compliqué ou même impossible d'attacher vos souliers quand vous étiez jeune. Pourtant, quelqu'un vous a montré comment faire, étape par étape et avec un peu de pratique, vous êtes devenu un pro et c'est maintenant devenu un jeu d'enfants que d'attacher vos souliers. Vous ne doutez plus de vos capacités, même que vous le faites sans y penser.
SCÈNE 2
INT. DANS VOTRE SALON - AUJOURD'HUI

C'est la même chose avec ce projet. Je propose de vous montrer et de vous expliquer, étape par étape, ce que vous devez faire pour vous filmer vous-même à la maison. Ça semble trop beau pour être vrai mais la vérité est que lorsque l'on sait comment fonctionne une technique, elle devient souvent un jeu d'enfants.

Ce projet innovateur, tout à fait excitant, vous permet de vous réaliser, d'exploiter votre talent artistique, de créer, de performer et d'enfin montrer au monde entier votre talent. Même si vous n'avez jamais fait ça avant. Le projet "COMMENT DEVENIR LA

VEDETTE D'UNE VIDÉO SUR LE WEB", vous est expliqué en détail dans ce livre. Avec ce projet, je vous prend par la main et je vous montre, pas à pas, ce qu'il faut faire pour vous filmer vous-même, à la maison, dans vos temps libres et sans devoir quitter votre emploi ou de dépenser des milliers de dollars dans la formation d'acteur et d'agence de placement. En faite, ce que je vous propose ici est d'essayer le métier d'acteur. Je vous propose de jouer la vedette le temps d'une vidéo. Je vous offre la possibilité de filmer aujourd'hui même votre première scène professionnelle, si vous voulez y participer. Dans ce livre, tout comme dans le projet, je partagerai avec vous juste assez d'information pour que vous puissiez appliquer rapidement vos nouvelles connaissances.

Le concept de ce projet est structuré afin que vous puissiez utiliser ce que vous avez déjà, y ajouter votre talent et mon expertise pour créer, ensemble, une vidéo. Pour simplifier le processus, j'ai divisé le projet en 5 étapes. Voici, en résumé, ce que sont les étapes de ce projet:

- Premièrement, vous téléchargez un scénario depuis l'internet. Le scénario a été écrit en fonction de ce concept. C'est-à-dire qu'il tiendra compte des limites de se filmer soi-même. On va donc dans un premier temps mettre de côté les scènes où l'acteur s'agrippe, par une seule main, à l'extérieur d'un hélicoptère en feu…

- Deuxièmement, l'acteur devra lire et filmer les scènes soit avec l'aide d'un ami ou seul.

- Troisièmement, l'acteur devra me faire parvenir les séquences filmées par l'entremise de l'internet.

- Quatrièmement, je ferai le montage vidéo dans mon studio à l'aide des plus récents logiciels d'édition.

- Finalement, la version finale sera téléchargée sur YouTube et sur une page internet afin de pouvoir facilement partager la vidéo dans les réseaux sociaux et par courriel.

Et à ce moment, il n'y aura plus qu'à jouir de votre nouvelle popularité et de vous investir dans le prochain projet, dans le prochain rôle et de continuer à développer votre talent, votre nouvelle passion. Dans les prochains chapitres, je vais vous décrire, en détail, chacune de ces étapes.

Mais d'abord, visionnez la vidéo "Zapper à surfer" pour voir le résultat quand des enfants jouent devant la caméra pour la première fois.

GRATUIT
VISIONNEZ LA VIDÉO "ZAPPER À SURFER"
UN EXEMPLE DÉMONTRANT COMBIEN C'EST UN JEU D'ENFANTS QUAND ON SAIT COMMENT ÇA FONCTIONNE

Pour recevoir de la formation gratuite par vidéo, les mises à jour du livre, avoir accès à des ressources supplémentaires et aux autres bonus qui accompagnent ce livre, visitez:
www.vedettedunevideo.com/bonus

AVEZ-VOUS CE QU'IL FAUT?

INT. - SCÈNE DE SPECTACLE - RÉPÉTITION D'UN TOUR DE CHANT

La première fois que j'ai monté sur scène pour interpréter mes chansons avec un "band", je ne savais même pas quand commencer à chanter tellement je n'avais pas d'expérience en musique. Pourtant j'avais moi-même écrit la chanson. Or, j'étais le parolier et je travaillais en collaboration avec un compositeur. Je lui avais demandé de chanter la chanson sur une cassette pour que je puisse répéter à la maison, ce que j'ai fait plusieurs fois en perfectionnant mon interprétation. En fait, je mettais beaucoup d'effort à jouer le texte de mes chansons puisque mon expérience sur scène venait du théâtre et que j'admirais des chanteurs comme Jacques Brel et Yves Montand qui étaient reconnus pour vivre leur chanson sur scène. Mais quand est venu le temps de chanter en direct sur scène, avec des musiciens vivants, je ne m'y retrouvais plus. Ils ne jouaient pas exactement ce qui était sur la cassette. Je ne retrouvais plus mes points de repère. Entre autres, je ne retrouvais plus où commencer à chanter. C'était embarrassant puisque j'étais l'auteur de cette chanson. Le directeur musical m'a dit qu'il fallait tout simplement compter.

"Compter quoi, compter jusqu'à quand?" que je lui ai demandé.

Laissez-moi vous dire que les musiciens étaient loin d'être impressionnés. Heureusement le chef d'orchestre a vu qu'une fois partie, j'étais très à l'aise sur scène, alors il a convenu avec moi de me signaler par un simple mouvement de la tête quand je devais commencer. Le public n'a jamais rien vu de tout cela et les chansons ont connu un bon succès. Je suis ensuite devenu bon ami avec le chef d'orchestre qui m'a, entre autres, montré comment compter le tempo d'une chanson. Un an plus tard, je représentais les 4 provinces de l'ouest canadien au réputé festival de chanson de Granby et 2 ans plus tard, j'enregistrais mon premier CD. J'avais le talent, il fallait seulement que l'on me montre le côté plus technique et que j'aie une opportunité pour le développer, le montrer au monde.

Voilà exactement l'idée derrière ce projet. Une opportunité pour vous d'apprendre le côté plus technique de s'auto-filmer et de vous en servir pour montrer au monde votre talent à l'aide d'un scénario et d'un studio qui fera le montage. Mais comme ce genre de projet est nouveau, il est normal d'avoir des doutes, il se peut que dans le fond, vous ayez le talent mais que vous hésitiez à essayer un tel projet parce que vous vous demandez: "Est-ce que j'ai ce qu'il faut pour être la vedette d'une vidéo?" Laissez-moi vous aider avec cet aspect. Et bien, comment savoir si vous avez ce qu'il faut? C'est facile, répondez à ces 4 questions toutes simples et en quelques minutes vous saurez si vous avez ce qu'il faut pour participer à un tel projet.

1. Avez-vous un certain talent comme acteur ou actrice? Pour répondre à cette question, vous pouvez vous référer à une expérience du passé (une pièce de théâtre dans laquelle vous avez joué, une présentation devant public), à cette petite voix intérieure qui vous dit que vous avez du talent ou à ce désir que vous avez depuis longtemps d'essayer le métier d'acteur ou encore à votre curiosité de découvrir comment fonctionne la réalisation d'une vidéo. Toutes ces réponses sont bonnes pour participer à ce projet.

2. Avez-vous une caméra vidéo, ou pouvez-vous en emprunter une à quelqu'un de votre entourage, pour une heure ou deux? À noter que la plupart des téléphones intelligents peuvent aussi faire l'affaire, et si vous avez un IPhone, vous êtes couvert.

3. Avez-vous un trépied ou quelqu'un dans votre entourage qui peut vous filmer? Ce peut-être un ami, un conjoint ou quelqu'un de votre famille. Sinon, il est peu dispendieux d'en acheter un. Bien sûr, je parle ici du trépied! Quant à l'aide de la part d'un ami, il n'est pas obligatoire. Tout ce projet peut se réaliser par une seule personne; vous-même comme acteur et caméraman.

4. Êtes-vous prêt à me donner quelques heures de votre temps pour que je puisse vous montrer les techniques nécessaires pour filmer les scènes d'une vidéo? Si vous avez répondu OUI à ces 4 questions, vous avez probablement ce qu'il faut pour être la vedette d'une vidéo à l'aide du concept que je vous propose dans ce livre.

Par contre, le problème dans ce métier est que même si vous avez ce qu'il faut, même si vous avez du talent, les opportunités pour le développer sont rares. Si vous n'avez pas d'expérience ou de formation ou si vous n'avez pas de contact dans le milieu artistique, il est très difficile d'y participer, de commencer, ou même d'essayer le métier d'acteur. Et quasi impossible de le faire à temps partiel ou comme "hobby".

En fait, j'évolue dans le milieu artistique depuis plus de 20 ans et je n'ai jamais vu de projet qui ressemble de près ou de loin à ce que je vais vous proposer dans ce livre. Car, voyez-vous, je ne peux pas vous donner du talent, je ne peux pas vous enseigner le talent mais si vous en avez ou si vous voulez tester si vous en avez, je peux vous proposer une méthode toute simple pour vous placer dans les meilleures conditions possibles pour exploiter ce talent. Et c'est ce que vous découvrirez dans ce livre.

Alors êtes-vous prêt pour ce premier rôle?

VOTRE PREMIER RÔLE

Pleurer sur demande
[Scène du théâtre - le presbytère - circa
1896 - Père moulin et Gabriel Dumont]

Les spectateurs nous écoutent maintenant
depuis plus d'une heure. On arrive à la
dernière scène. Je suis le "mauvais" dans
l'histoire. Gabriel Dumont, en face de moi
m'accuse d'avoir trahi notre ami commun,
Louis Riel, ce qui fut la raison pour sa
capture et sa pendaison. Tout le long de
la pièce, je l'ai nié. Comme à chaque
soir, je suis sur le point de craquer,
d'avouer mes torts et de pleurer. Comme à
chaque soir, je devrai pleurer sur
demande, en direct sur une scène de
théâtre. J'ai intérêt à bien réussir cette
dernière scène car les spectateurs
partiront avec l'image de celle-ci. C'est
en grande partie ce qui leur fera aimer la
pièce ou non.
La difficulté est que je n'ai jamais fais
d'école de théâtre, je n'ai jamais eu de
formation en bonne et dû forme. J'ai
appris "sur les planches" comme on dit
dans le métier. Donc je n'avais pas de
truc pour pleurer sur demande. En fait, je
ne sais même pas si on enseigne ce genre
de truc à l'école de théâtre!

Par contre, j'avais accès à mon vécu en tant qu'humain ainsi qu'à mon imagination. Et à cette vague sensation interne que j'avais un peu de talent. J'ai donc fait appel à mon imagination pour me débrouiller et trouver en moi ce qu'il fallait pour pleurer. À l'époque, je venais tout juste de devenir papa de mon premier enfant: une petite fille. Et comme j'étais au loin, en tournée, c'était facile de s'ennuyer et d'avoir de la peine. Alors ce que je faisais chaque soir, tout en étant bien ancré dans mon rôle, était de m'imaginer, lors de la dernière scène, qu'il arrivait un malheur à ma fille. Ainsi je trouvais en moi la peine nécessaire pour pleurer.
[NDLR] Il est fortement déconseillé de pratiquer cet exercice mental trop souvent!

Rassurez-vous, il ne sera pas nécessaire durant ce projet de pleurer sur demande mais cette histoire (réelle) est pour vous illustrer que si j'arrivais à pleurer en direct sur scène même si je n'avais pas de formation, vous pouvez certainement jouer la comédie (ou la tragédie) devant la caméra si vous avez le moindre talent. Car après tout, avec la caméra, si on manque notre coup, on peut toujours reprendre et filmer la scène à nouveau (ce qui n'était pas le cas sur la scène de théâtre)!

Pour qui est ce livre?
Ce livre découle du projet du même nom et il est ouvert à tous. À tous ceux qui ont un certain talent artistique pour le jeu d'acteur et même à ceux qui croient avoir du talent mais n'ont jamais eu la chance de l'essayer. Ce livre (donc ce projet) est une excellente opportunité de développer ce talent ou de le tester. Ce livre s'adresse autant aux gens qui veulent devenir jeune premier qu'à ceux dont c'est le premier rôle. "Comment devenir la vedette d'une vidéo" s'adresse autant à ceux qui

débutent dans cette voie qu'à ceux qui ont plus d'expérience. Une des raisons est que le jeu, le scénario peuvent être interprétés différemment selon votre expérience. Souvent les acteurs avec plus d'expérience vont avoir le réflexe d'y mettre un peu plus de subtilité - mais pas toujours.

Ce livre s'adresse également à ceux qui veulent prendre part à l'univers du show-business sans pour autant en faire une carrière, sans devoir quitter leur emploi ou déménager dans les grands centres urbains ou sans devoir faire l'école de théâtre ou d'acteur pendant plusieurs années.

Ce livre est pour vous si vous avez le désir que les autres vous voient performer dans une vidéo. Cette opportunité, est pour vous si vous voulez jouer à temps partiel, comme simple "hobby". C'est aussi pour vous si vous voulez avoir du matériel sur internet pour que l'on vous remarque.

L'expérience versus le talent

J'ai crée ce concept de sorte que l'attitude que vous apporterez au projet et le talent de base que vous avez prévalent sur votre expérience. Je peux vous donner pleins de trucs pour vous filmer par vous même. Avec ce projet, je vais vous montrer les aspects plus techniques du tournage. J'ai d'ailleurs dirigé à plusieurs reprises des acteurs ou actrices pour qui c'était la première fois qu'ils jouaient devant une caméra et ça s'est très bien passé. Je sais que c'est possible. Mais vous donner du talent, ça je ne peux pas le faire. Ce que je peux faire par contre est de vous offrir une opportunité pour le développer, pour mettre à profit votre talent.

De toute façon, qu'oct-ce que c'est le talent et comment le mesurer? Qui peut dire qui a du talent ou qui n'en a pas? Rassurez-vous je ne vais pas m'avancer dans ce débat théorique qui n'aurait pas de fin et selon moi, peu d'intérêt. Durant ma carrière, j'ai côtoyé des individus avec une certaine notoriété qui juraient que j'avais du génie alors que le lendemain, un autre déclarait, de son air hautin, que je n'avais tout simplement pas ce qu'il fallait pour faire carrière. Qui avait raison? Lequel aurais-je dû écouter? Ni l'un ni l'autre, selon moi. Il faut se faire confiance et entretenir sa passion. J'aimais ça, je travaillais fort et j'ai essayé de profiter de toutes les opportunités pour apprendre. C'est ce que je vous propose ici, une opportunité, un rôle pour faire un pas vers le plaisir que procure le jeu. Vous pouvez prendre cette opportunité comme une simple étape dans votre carrière ou une première démarche pour essayer ce métier d'acteur. L'important selon moi est de jouer le plus souvent possible. Et quand vous y aurez goûté, pour ceux dont ce sera la première fois, vous en voudrez d'autres, je vous assure.

Mais bien que "Comment devenir la vedette d'une vidéo sur le web" soit ouvert à tous, il y a quand même quelques types de personnes pour qui ce projet n'est pas recommandé. Le prochain chapitre traite de ces cas d'exception.

GRATUIT
FORMATION PAR VIDÉO ET MISES À JOUR DU LIVRE

Pour recevoir de la formation gratuite par vidéo, les mises à jour du livre, avoir accès à des ressources supplémentaires et aux autres bonus qui accompagnent ce livre, visitez:
www.vedettedunevideo.com/bonus

CE PROJET N'EST PAS POUR VOUS SI...

Je vous fais la bise, je vous fais la moue
Je vous fais la crise, c'est sûr à tout
coup
Appelez-moi Dona, la Prima Dona
Je dis et j'exige,
Appelez-moi Dona, la Prima Dona
[Extrait de la chanson APPELEZ-MOI DONA,
inspiré de faits réels]

Ce projet de devenir la vedette d'une vidéo sur le web est ouvert à tous. Peu importe où vous vivez, peu importe votre expérience ou que vous vouliez en faire carrière ou pas. Bien que j'aie voulu que ce projet - donc ce livre - soit ouvert au plus grand nombre possible, il y a quand même des gens pour qui ce livre n'est pas recommandé.

Ce projet n'est pas pour vous si vous êtes du genre Prima Dona...

Peu importe si vous avez le plus grand talent du monde, si vous êtes du genre à croire que le monde entier doit se plier à vos moindres caprices parce que vous avez du talent, ce livre n'est pas pour vous. J'ai tout simplement horreur de travailler avec des Prima Dona. Ces gens (hommes ou femmes) sont désagréables comme collaborateurs et la vie est trop courte pour se faire suer à travailler avec ce type de personne. Je préfère de beaucoup collaborer avec quelqu'un de moindre talent si il faut mais qui est agréable et avec une bonne éthique de travail, que de me plier à la moindre saute d'humeur ou demande "excentrique" de quelqu'un qui se croit meilleur que tout le monde.

Donc s'il vous plait: PRIMA DONA S'ABSTENIR, même si vous avez le plus grand talent au monde.

Ce projet n'est pas pour vous si vous avez peur de l'internet...

Ce projet n'est pas pour vous si vous avez peur de l'internet ou si vous voulez tout contrôler une fois que vous publiez quelque chose sur internet. Car l'idée ici est de promouvoir votre talent à la planète entière. De toute façon, une fois que l'on diffuse une vidéo sur YouTube, sur une page web ou dans les réseaux sociaux, on peut difficilement en limiter la diffusion ou contrôler où la vidéo se retrouvera. Il est important d'être à l'aise avec ce concept. Même avec toute la sécurité que l'on pourrait imaginer, il y a toujours la possibilité de copier la vidéo et de la rediffuser. Dites-vous que si les compagnies d'Hollywood qui dépensent des millions pour produire un film ne peuvent pas protéger à 100% sa diffusion, il est certain que nous ne pourrons pas non plus. D'ailleurs tout le projet embrasse cette nouvelle façon de faire sur internet: c'est-à-dire d'encourager la plus grande diffusion possible, entre autres par les réseaux sociaux. Donc si cela vous cause du souci, ce projet n'est probablement pas pour vous.

Ce projet n'est pas pour vous si vous avez déjà une carrière d'acteur établie...

Ce livre ou ce projet ne s'adresse pas à ceux qui ont déjà tourné un film (à Hollywood par exemple) et qui désirent retrouver l'ambiance d'un plateau de tournage "standard". Sur un plateau de tournage, il y a souvent plusieurs dizaines de personnes qui préparent la scène et qui ramassent après votre performance. C'est impressionnant à observer et si vous êtes l'acteur, cela peut être très stimulant de voir tout ce monde qui travaille pour tourner un film ou une vidéo pour mettre en valeur votre talent. Par contre, si c'est ce que vous recherchez, il est évident que vous n'allez pas le trouver dans ce projet. Il n'y a rien de mal dans cette façon de faire, bien au contraire. Mais ce que je vous propose ici est différent, donc la façon de l'atteindre sera aussi différente. Si vous avez de l'expérience, vous pouvez quand même participer à ce projet mais si vous cherchez à reproduire l'expérience d'un plateau de tournage "standard", ce livre et ce projet ne sont pas pour vous.

Ce projet n'est pas pour vous si vous voulez tout faire vous-même...

Une autre raison qui pourrait faire que ce projet n'est pas pour vous est si vous voulez tout faire vous-même. L'internet a ouvert la possibilité à quiconque de devenir un éditeur. Cela a plusieurs avantages; par exemple, vous pouvez décider aujourd'hui-même d'écrire votre propre film, de jouer dedans, de vous filmer, d'en faire la musique, le montage, la promotion et la distribution par vous-même. L'internet permet ce genre d'initiative de nos jours. Il n'y a pas de problème en soi à vouloir tout faire mais si tel est votre désir, vous n'avez probablement pas l'esprit de collaboration qu'un tel projet demande. Un n'exclut pas l'autre, c'est-à dire que vous pouvez réaliser vos propres projets et à côté, participer à "Comment devenir la vedette d'une vidéo sur le web" mais il faut comprendre que dans ce dernier, vous devez avoir le goût de collaborer. En joignant votre talent à mon expertise et à mes années d'expérience sur internet, j'ai la vision que le résultat peut être enrichie par une telle collaboration.

Ce projet n'est pas pour vous si vous devez voir avant d'y croire...

Je m'explique: Dans ce genre de projet, vous passez du rôle de spectateur à celui d'acteur. En tant que spectateur, vous avez l'habitude de voir le produit fini. C'est facile, vous écoutez et vous vous faites divertir sans trop d'effort. En tant qu'acteur, vous aurez plutôt accès au processus de création, vous aurez accès à certaines pièces du "puzzle" sans nécessairement avoir accès à "the big picture" si vous me permettez ces anglicismes. C'est excitant mais aussi déroutant pour certains. Cela demande un ajustement, vous devez, entre autres, faire confiance au processus de création et aux collaborateurs. Vous aurez accès au scénario sur papier, sans les effets ou la trame sonore. Cela peut paraître parfois un peu aride pour certains. Il faut avoir une certaine imagination pour voir le potentiel d'un scénario, et cette qualité s'acquiert avec le temps. D'ailleurs aucun acteur d'Hollywood, aussi bon soit-il, ne demande à voir le film final avant de s'embarquer dans un projet! Il doit donc se fier à son instinct ou profiter de chaque rôle pour s'améliorer. C'est la même chose ici, bien que le projet soit plus modeste.

Ce projet n'est pas pour vous si vous cherchez une formation d'acteur…

Finalement, il faut comprendre que ce livre ou ce projet n'est pas un cours d'acteur. Ce livre ne vous enseignera pas tous les aspects du jeu. Néanmoins, il vous donnera la possibilité bien concrète de jouer un vrai rôle dans une vidéo avec un scénario précis. Ce livre est une méthode pour vous prendre où vous êtes, pour utiliser concrètement votre talent même si vous l'avez très peu utilisé auparavant. Donc ce livre n'est pas théorique mais bien pratique, basé sur le jeu comme tel. Avec ce projet, vous pourrez dès aujourd'hui si vous le voulez, jouer le scénario et bâtir votre expérience sur les planches. Ou plutôt devant l'écran…

Par ce projet, vous avez la possibilité d'essayer sans le risque de perdre des années d'effort et des milliers de dollars pour de la formation sans garantie d'obtenir un jour un rôle. Si vous avez le goût de jouer… à l'acteur, laissez-moi le privilège d'être votre directeur virtuel le temps d'une vidéo.

POURQUOI J'AI ÉCRIT CE LIVRE

[Chambre maternelle - circa 1972 - 50 petits soldats verts en plastique - montagne dangereuse confectionnée avec les couvertures sur le lit des parents - des heures de plaisir à inventer des histoires et à imaginer le rôle de chacun...]

Ce projet, ce livre n'est qu'une extension de ces après-midi d'enfance à créer des histoires dans ma tête et à les réaliser. Il y a des tonnes de trucs que je ne sais pas faire dans la vie, comme par exemple, réparer un "char". Je n'ai aucun talent ni d'intérêt pour la mécanique. Par contre, quand vient le temps de faire la mise en scène d'une histoire, d'y réfléchir pendant plusieurs jours, de trouver la raison pour laquelle un tel personnage agit ainsi, voilà une de mes passions et de mes forces. Comme probablement plusieurs auteurs avant moi, un des plaisirs à créer des histoires est que je peux réinventer le monde comme bon me semble. Faire gagner le héros que je veux, créer de la justice dans ce monde, faire rire en créant des mésaventures improbables, je peux être le maître du jeu. J'y trouve un plaisir continuel et j'arrive à expérimenter un tas d'émotion ou de situation que je ne voudrais pas nécessairement vivre dans ma vraie vie.

Une des raisons que j'ai créé ce projet est que j'ai moi-même appris sur les planches. C'est un terme du métier pour dire que j'ai appris en le faisant. Je n'ai jamais eu de formation "standard" dans une école de théâtre et j'ai pourtant écrit et dirigé plus de 30 pièces de théâtre. L'ayant vécu moi-même, j'ai une bonne idée de la façon de m'y prendre pour diriger les gens qui en sont à leurs premières expériences sans avoir fait d'école de théâtre ou d'acteur.

J'ai toujours aimé observer le potentiel artistique des gens qui m'entourent, des personnes que je rencontre dans la vie de tous les jours et de les imaginer dans une pièce de théâtre ou dans une vidéo. En discutant avec certains, je me suis aperçu que c'était souvent un souhait, un rêve inavoué pour plusieurs d'entre eux que d'essayer le métier d'acteur. Ce projet est l'occasion idéale de l'essayer et de découvrir des gens talentueux qui, sans cette opportunité, n'auraient jamais l'occasion de s'épanouir.

Est-ce que je suis le seul à penser cela?

Je me demande, est-ce que je suis le seul ou ça vous arrive aussi, à l'occasion, d'avoir l'impression de gaspiller votre talent, votre potentiel? Par exemple, est-ce que vous avez déjà regardé un film tout en vous disant que vous aviez autant de talent que celui qui est à l'écran. Peut-être aviez-vous du talent quand vous étiez plus jeune mais que vous ne l'avez jamais exploité à sa juste valeur. Peut-être que la vie, les amours, les enfants, la famille, LA CARRIÈRE, vous ont "poussé" vers d'autres objectifs. Mais vous avez toujours eu cette voix intérieure qui vous disait que vous aviez du talent. Ou peut-être que ce sont les gens autour de vous, qui vous répètent sans cesse (en demi-blague) que vous auriez dû faire une carrière d'acteur? Ou plutôt, vous avez toujours eu ce sentiment interne que vous aviez ce qu'il faut pour être une star. Peut-être pas une star mondiale mais du moins, vous aviez assez de talent pour performer, pour créer et pour laisser votre trace.

Jusqu'à récemment, ce n'était pas possible d'être dans une vidéo à moins d'être un acteur connu. Il n'y avait pas d'opportunité d'être la vedette d'une vidéo si ce n'était pas votre métier. Une des raisons pour laquelle cette carrière était si peu accessible est, sans contredit, le coût. Parce qu'il fallait des dizaines de milliers de dollars pour réaliser une vidéo, les producteurs exigeaient que les acteurs aient de la formation et de l'expérience avant de travailler avec eux parce que chaque minute de tournage coutait une fortune.

Maintenant la technologie a changé la donne. Cela coûte beaucoup moins cher de s'équiper pour filmer. La vidéo est souvent filmée de façon numérique, réduisant davantage les coûts. Et à l'aide de l'internet, on peut maintenant la diffuser nous-même si on sait comment faire. Ces dernières années, l'internet est devenu beaucoup plus rapide et accessible. Il est maintenant plus facile d'offrir de la formation à distance, par vidéo. De nos jours, on peut transférer de gros fichiers par internet comme par exemple des scènes de vidéo pour le montage en studio. Alors avec ces nouvelles possibilités en tête, et à cause de mon intérêt et de mon expérience sur internet, j'ai créé un nouveau type de collaboration qui exploite les avantages de l'internet pour travailler à distance avec des gens qui, en temps normal, ne pourraient pas le faire.

L'internet nous permet de collaborer même si on ne se rencontre jamais en personne. Ce projet permet à quelqu'un qui vit au fin fond d'un petit village et qui a du talent, mais pas les moyens ou le désir de déménager en "ville", de jouer dans une vidéo en le faisant à partir de chez lui. Cela permet aussi à tous ces gens "normaux" qui n'ont pas nécessairement le goût de faire une carrière artistique mais qui ont du talent, de le faire à temps partiel ou à temps perdu. Cela peut devenir un hobby. Cela permet aussi à tous ceux qui ont déjà fait de la scène plus jeune et qui ont aimé, de se remettre au jeu d'acteur.

Quant à moi, mon rêve est d'offrir au grand public, l'accès à ces perles rares cachées dans un village au loin ou dans un sous-sol mal éclairé. Si par mon expertise avec l'internet et mon expérience dans le domaine du divertissement, j'arrive à faire connaître ce talent qui sommeille en vous, j'aurai atteint mon objectif.

J'ai donc écrit ce livre pour vous présenter ce nouveau concept, pour vous expliquer "Comment VOUS pouvez devenir la vedette d'une vidéo sur le web" et la façon d'y participer.

GRATUIT
FORMATION PAR VIDÉO ET MISES À JOUR DU LIVRE

Pour recevoir de la formation gratuite par vidéo, les mises à jour du livre, avoir accès à des ressources supplémentaires et aux autres bonus qui accompagnent ce livre, visitez:
www.vedettedunevideo.com/bonus

LAISSEZ-MOI DEVENIR VOTRE DIRECTEUR VIRTUEL

NOW
Y m'faut asteur ma drogue digitale
NOW
Y m'faut des pages, mon dealer surfe le net
NOW
J'ai les deux mains en forme de souris
NOW, y m'en faut NOW
[Extrait de la chanson NOW, tiré de l'Opéra Rock VIA le NET - 1996]

Qui est POM, alias Alain Pomerleau ?

Qui est Alain Pomerleau, aussi connu comme l'artiste POM dans le domaine artistique? Qui suis-je pour vous proposer un tel projet? Dans le fond, je suis un peu comme Obélix dans la bande dessinée d'Astérix, sauf que moi c'est dans l'internet que je suis tombé quand celui-ci était tout jeune (et moi aussi!). En 1996, j'écrivais mon premier opéra rock. Il s'intitule VIA le NET et raconte l'histoire d'un individu qui découvre l'internet et qui en devient "accro".

C'est un peu devenu l'histoire de ma vie car depuis ce temps, je n'ai cessé de créer pour ce médium et d'innover sur internet. Déjà en 1997, je voulais produire le CD de mon deuxième opéra rock et le donner gratuitement sur internet avec l'objectif de faire connaître mes créations au plus grand nombre de gens possible. Mais le compositeur avec qui je travaillais n'a pas voulu, il préférait passer par les réseaux plus standards et recevoir les royautés potentielles. Je crois encore que c'aurait été une bonne idée puisque personne ne faisait cela à l'époque. Maintenant, c'est rendu une pratique courante que de donner certaines de ses chansons sur internet, à tel point que ce n'est plus suffisant pour se faire remarquer.

En 1999, j'ai produit, en collaboration avec Radio-Canada, la deuxième production de "VIA le NET" qui fut diffusée en direct sur internet, donc partout sur la planète. Il faut dire que durant ces années, le phénomène de regarder des vidéos sur internet était extrêmement rare et encore plus, l'idée de regarder une heure de spectacle en direct. Suite à cette expérience, j'étais vraiment déterminé à utiliser tout le potentiel de l'internet pour développer des projets artistiques. Par contre, une des difficultés que j'ai rencontrées les premières années, était de réaliser techniquement ce que j'avais en tête artistiquement. Car il faut comprendre que l'internet des débuts était beaucoup plus favorable aux programmeurs qu'aux créateurs.

Auteur, parolier au théâtre et à la chanson ainsi que réalisateur de vidéos sur internet, je suis dans le domaine artistique depuis plus de 20 ans. Je fus assez prolifique dans ma période que j'appelle B.C. (Before Children), et j'ai beaucoup "tourné" avec le théâtre et la chanson. Depuis que j'ai des enfants, nous avons vécus en famille à plusieurs endroits - en Saskatchewan, au Québec, en Espagne, en France et en Nouvelle-Zélande, ce qui m'obligeait à recommencer, à me réinventer et à créer de nouvelles collaborations à chaque déménagement. Mais ce genre d'exercice fut un bon laboratoire pour reconnaître le potentiel d'une collaboration à distance (par internet) ainsi que pour l'élaboration de ce projet.

Je suis intéressé par ce médium car il est un des derniers lieux où un individu (ici un artiste) peut avoir une idée qui sort de l'ordinaire et la diffuser à la grandeur de la planète, même si il ne fait pas parti d'une grande boîte de production où qu'il a peu de moyen de promotion. L'internet, encore aujourd'hui, permet à quelqu'un avec du talent de se faire remarquer. Par contre, il lui reste encore la délicate tâche de se faire connaître. Espérons que ce livre répondra en partie à ce problème en mettant en vedette des gens "ordinaires", d'un peu partout sur la planète, pour leur permettre justement de se faire remarquer et de diffuser leur talent.

En général, j'ai toujours reçu une bonne réponse face à mes créations artistiques ou mes innovations sur internet. Ceux qui les voyaient, appréciaient le divertissement. Ma plus grande difficulté, comme celle de bien des artistes, était de faire connaître mes oeuvres. Comme la plupart des créateurs, une fois que la création est terminée, mon intérêt se tourne vers la prochaine idée. Alors je sautais d'une création à une autre sans faire de marketing. Les internautes découvraient mes créations par hasard sur internet quand je prenais le temps de les télécharger et de les rendre accessibles. J'ai quand même cumulé des milliers de vues sur mes vidéos et plusieurs milliers d'écoutes de mes chansons, sans faire la moindre promotion ni que j'aie la moindre méthode pour accumuler les courriels d'internautes intéressés afin de commencer une discussion avec eux.

Il fallait que je remédie à ce problème. Alors j'ai pris une décision et je me suis mis à la diète volontaire en cessant (presque complètement) la création pendant 2 années pour aller étudier le marketing auprès des plus grands. Comme j'étais intéressé par l'internet, j'ai étudié le "internet marketing". J'ai découvert un monde fascinant et cela m'a permis d'élaborer ce projet. Qui plus est, en plus d'utiliser ce que j'avais appris pour mes propres créations, j'allais pouvoir par ce projet, aider d'autres gens à se faire remarquer sur internet.

Notre déménagement en Nouvelle Zélande semblait le moment idéal pour lancer ce nouveau projet sur internet. C'est donc depuis l'autre bout de la planète que je lance ce livre et ce projet. L'expression en anglais est: "I walk the talk". C'est-à-dire que je fais et j'utilise vraiment ce dont je parle dans ce livre.

**TÉLÉCHARGEZ GRATUITEMENT LA CHANSON « NOW »
TIRÉE DE L'OPÉRA ROCK "VIA le NET"**

Pour recevoir de la formation gratuite par vidéo, les mises à jour du livre, avoir accès à des ressources supplémentaires et aux autres bonus qui accompagnent ce livre, visitez:
www.vedettedunevideo.com/bonus

LA BOÎTE À OUTIL

[ÉCRAN - RETOUR DANS LE PASSÉ]
Gros plan sur le logo du logiciel Flash…
Au tout début, l'innovation sur internet était de coder le logiciel Flash pour voir une forme à l'écran changer de couleur. Par exemple, programmer et diffuser sur un site internet, un cube rouge afin qu'il change au bleu, à l'écran, devant les yeux abasourdis de l'internaute, était le summum de l'innovation. Et après ce grand exploit, on avait utilisé toute la bande passante de l'internaute. De nos jours on peut "streamer" (télécharger en direct) un film en haute définition avec un excellent son, sans la moindre attente. L'internet a beaucoup évolué et on va justement utiliser cette bande passante à notre avantage.

Dans les chapitres qui suivent, je vais élaborer en détail les 5 étapes toutes simples pour participer au projet et devenir la vedette d'une vidéo sur le web. Mais avant de débuter la lecture du scénario que vous aurez téléchargé sur le site privé et d'apprendre exactement comment vous filmer, vous aurez besoin de quelques accessoires, d'un minimum d'équipement.

Dans la plupart des cas, vous pourrez utiliser l'équipement que vous avez déjà. Par exemple, presque tous les téléphones intelligents ont une caméra vidéo, même chose pour les tablettes numériques qui prennent des photos, ainsi que les appareils photo. Donc, utilisez ce que vous avez déjà et si vous avez la piqûre et que vous voulez continuer, vous pourrez toujours investir un peu dans l'équipement. Mais vous pouvez définitivement commencer en utilisant le strict minimum.

Il est important de ne pas se perdre dans les aspects techniques d'un tel projet. Il serait facile (et ennuyeux pour la plupart des gens) de vous parler de tous les détails techniques qu'un tel projet peut inclure. D'ailleurs, un des objectifs de ce projet est que vous puissiez exploiter votre talent de la façon la plus simple possible malgré qu'on ne soit pas face à face, dans la même pièce. Donc, concentrez vos efforts et votre talent sur les scènes à filmer et laissez-moi m'occuper de tout ce qui est technique, montage et internet. Vous n'avez pas à réinventer la roue. J'ai déjà cumulé plusieurs années d'essais (et erreurs!); il est donc intéressant de se servir de mon expertise sur internet et dans le milieu du divertissement pour accélérer le processus. Profitez de mes forces, ajoutez-y votre talent et présentons ensemble le résultat de cette collaboration au monde entier!

Voici donc la liste de ce dont vous aurez besoin pour participer à ce projet:
- Accès à l'internet
- Caméra ou téléphone intelligent
- Trépied
- Compte sur Dropbox
- Votre talent
- Compte Facebook, Google+ et/ou Twitter (optionnel) pour promouvoir la vidéo finale

ACCÈS À L'INTERNET
D'abord, je vous rappelle qu'une des innovations d'un tel projet est que vous pouvez être n'importe où sur la planète et du moment que vous avez accès à l'internet à l'occasion, vous pouvez y participer. Vous aurez donc besoin d'un accès à l'internet pour vous inscrire au projet à l'adresse suivante: www.vedettedunevideo.com/participez

Une fois inscrit, vous pourrez télécharger le scénario des

scènes à tourner. Vous utiliserez l'internet de nouveau à l'étape 3 pour me faire parvenir vos scènes filmées et, finalement, à l'étape 5 pour partager la vidéo finale sur les réseaux sociaux ou pour envoyer des courriels avec un lien dirigeant les gens vers la page internet que je vous aurai créée.

CAMÉRA

Vous aurez bien sûr besoin d'une caméra pour vous filmer. À la rigueur, vous pouvez même en emprunter une la journée que vous filmez. De préférence, la caméra pourra filmer en haute définition. De nos jours, les caméras sont presque toutes capables de filmer en haute définition. Il est facile et peu dispendieux d'acheter une telle caméra. À noter que le logo pour s'y retrouver est HD et le format généralement reconnu (pour les mordus des détails) est une définition maximale de 1080 lignes (soit 1920×1080 pixels en format 16/9). Mais assurez-vous de ne pas trop dépenser si vous devez en acheter une. Vous trouverez en bonus de ce livre (voir le lien à la fin du chapitre) quelques suggestions pour l'achat d'une caméra ainsi qu'une liste de l'équipement que j'utilise.

Par contre, soyez rassuré, ce n'est pas la caméra qui fera la différence. Quelques détails techniques feront une plus grande différence que cette dernière. Par exemple, filmer avec un trépied pour assurer une image stable ou avoir un bon éclairage pour garantir une image claire et bien définie. Et rappelez-vous, on n'essaie pas ici de faire un film d'Hollywood.

TÉLÉPHONE INTELLIGENT OU IPHONE

Si vous possédez un modèle récent de téléphone intelligent, il est fort probable que la caméra vidéo y soit de qualité suffisante. Particulièrement, si vous avez un un IPHONE 5 ou plus récent, vous avez déjà ce qu'il faut. Un point à retenir si vous utilisez le Iphone, ne filmez pas en utilisant la caméra qui vous permet de vous voir à l'écran simultanément car celle-ci est de moins bonne qualité que la caméra régulière. Utilisez toujours la caméra vidéo régulière, celle à l'endos du téléphone.

Si vous n'êtes pas sûr de la qualité de votre caméra ou

téléphone, il sera toujours possible, après votre inscription, de vous filmer un 10 secondes et de m'envoyer le résultat pour que je vous précise si cela est suffisant ou s'il serait préférable d'investir un peu dans l'achat d'une caméra.

TRÉPIED

En plus d'une caméra, il vous faudra un trépied. La plupart des scènes seront statiques. Le scénario est construit dans le but d'être filmé par l'acteur lui-même. Le mouvement de la vidéo (ou le rythme) sera créé lors du montage, c'est-à-dire en studio, par l'assemblage de vos scènes. Comme la plupart de vous, vous filmerez vous-mêmes (sans l'aide d'un ami par exemple), il vous faudra un trépied pour tenir la caméra. Évitez d'empiler un tas de livre sur une bibliothèque instable pour élever la caméra. Si vous avez déjà un trépied, utilisez ce que vous avez. Par contre, si vous devez vous en procurer, prenez-en un qui s'élève au moins aussi haut que votre taille debout. Donc si vous mesurez 6 pieds, le trépied devra atteindre au moins 6 pieds (ou plus) à son maximum.

Si vous filmez avec un Iphone, il existe des adaptateurs pour l'attacher à un trépied régulier. Le téléphone intelligent étant peu lourd, il existe aussi de très petits trépieds qui peuvent se contorsionner et s'attacher à peu près partout. Encore une fois, la liste dans la section bonus du livre, vous donne des suggestions sur ce qui est disponible. À noter que même si vous avez l'aide de quelqu'un pour vous filmer, celui-ci devrait utiliser un trépied. Une image vidéo stable augmente de beaucoup la qualité au final. Il est vrai qu'il existe des prises de vues en main libre mais elles sont souvent plus difficiles à réussir, requièrent une plus grande expérience du caméraman ainsi que d'autres accessoires et sont souvent obtenues à l'aide d'une caméra plus coûteuse. Donc le trépied reste l'outil le plus pratique, simple et économique pour l'instant.

DROPBOX POUR LE TRANSFERT

Une fois que vous aurez filmé les scènes (voir le chapitre intitulé: "Étape 2 - On tourne"), vous devrez me les faire parvenir pour que je puisse en faire le montage avec les plus récents logiciels, dans mon studio professionnel. Pour ce faire, le plus simple est d'utiliser le service de stockage et de partage "Dropbox", sur internet, qui permet le transfert de gros fichiers, gratuitement. La plupart de vos séquences filmées seront de plusieurs centaines de Mo (mégaoctet). Le service Dropbox est facile d'utilisation et est excellent pour transférer ce genre de fichier. Je vous expliquerai en détail dans le chapitre "Étape 3 - Coupez et envoyez" comment vous inscrire sur Dropbox et me faire parvenir vos diverses scènes filmées.

VOTRE TALENT

L'important ici est de comprendre que j'ai simplifié ce projet le plus possible pour permettre à quiconque d'y participer. L'idée est de faire ressortir votre talent d'acteur et de le promouvoir sur internet, plutôt que d'épater la galerie avec les derniers effets d'Hollywood.

Par ailleurs, je vous guiderai sur la façon de filmer pour internet, versus pour un film qui sortirait sur grand écran. Le fait que la vidéo sera vue parfois sur un écran de quelques pouces de largeur versus sur un grand d'écran de cinéma, nous oblige de filmer en préférant les gros plans versus les petits détails. Le fait que le public sur internet a l'habitude de cliquer fréquemment nous oblige également à adopter un rythme plus rapide et une histoire plus condensée.

Le scénario tiendra compte de ces particularités de l'internet, pour que vous puissiez y apparaître avantagé. Pour ce qui est de votre talent, l'important ici est de comprendre que vous n'avez qu'à jouer du mieux que vous pouvez, avec les instructions précises du scénario; la magie du montage fera le reste!

COMPTE FACEBOOK, GOOGLE+ ET/OU TWITTER

Finalement la création d'un compte sur ces réseaux sociaux, si ce n'est déjà fait, est optionnel (mais très utile) et vous verrez à l'étape 5 combien il sera facile de partager la vidéo finale une fois que j'en aurai fait le montage dans mon studio et que j'aurai téléchargé la vidéo sur YouTube et créé une page web pour la diffuser partout sur internet. Vous pourrez le faire avec les réseaux sociaux ou simplement en envoyant le lien dans un courriel.

En visitant le lien ci-dessous, vous aurez accès gratuitement à d'autres trucs techniques pour améliorer votre tournage ainsi qu'à la liste de matériel que j'utilise personnellement.

**RECEVEZ GRATUITEMENT
LA LISTE DE MATÉRIEL QUE JE SUGGÈRE, CELLE QUE J'UTILISE
ET D'AUTRES TRUCS TECHNIQUES**

Pour recevoir de la formation gratuite par vidéo, les mises à jour du livre, avoir accès à des ressources supplémentaires et aux autres bonus qui accompagnent ce livre, visitez:
www.vedettedunevideo.com/bonus

AVANT DE FILMER

Avant de vous mettre dans l'ambiance pour filmer, il vous faudra vérifier quelques éléments qui assureront un tournage agréable et sans pépins. Il est frustrant de jouer toutes les scènes pour s'apercevoir, quand on les révise, qu'il y a eu un problème technique et que, finalement, elles ne seront pas utilisables.

Voici donc une liste de points à vérifier avant de filmer:
- Vous avez lu le scénario et vous vous êtes familiarisé avec les actions requises. Il est recommandé de répéter quelques fois la scène (en particulier les actions) pour que vous puissiez la jouer le plus naturellement possible.
- Vous avez en main les accessoires nécessaires (quand il y a en dans la scène).
- La caméra est bien fixée sur le trépied.
- La pile de la caméra ou du téléphone est chargée à son maximum. Dans le cas d'une caméra, vous pouvez toujours la brancher à l'électricité si vous avez la rallonge électrique nécessaire.
- Si vous utilisez une caméra empruntée, vous savez vous en servir. Avant de débuter, filmez quelques scènes "test" et regardez le résultat sur un ordinateur, par exemple.
- Vous avez suffisamment de mémoire dans votre caméra ou sur le téléphone intelligent pour filmer. Les scènes à filmer seront habituellement de courte durée mais sachez quand même que filmer en haute-définition prend énormément de mémoire. Vous voudrez vérifier régulièrement la mémoire disponible sur vos appareils.
- Vous avez un bon cadrage. Après avoir réglé la hauteur du trépied, regardez sur votre écran de caméra/ téléphone pour vous assurer que ce que vous y voyez

est bien l'espace que vous voulez filmer. Pour ce faire, demandez à un ami de prendre place dans l'espace désigné, le temps de voir si tout est correct. Si vous êtes seul, faites un test en vous filmant quelques secondes pour confirmer que vous avez tout ce que vous voulez à l'écran.

EN FILMANT

Voici d'autres points importants à considérer lorsque vous filmez, pour vous assurer d'avoir une vidéo de qualité que je pourrai ensuite utiliser lors du montage en studio:

3 SECONDES AVANT ET APRÈS L'ACTION

Quand on filme, l'acteur doit commencer son mouvement au moins 3 secondes avant de faire l'action requise par la scène. Il en est de même après que l'action ait été filmée: l'acteur continue à faire semblant pendant au moins 3 secondes avant que le caméraman n'arrête de filmer. Ces 3 secondes avant et après l'action donneront le jeu nécessaire au monteur (celui qui édite la vidéo) de faire son travail en studio. Sans ces 3 secondes, plusieurs scènes ne seront pas utilisables. Donc, voici comment toutes vos scènes devraient être filmées: on appuie sur le bouton "record" et, pendant les 3 premières secondes, l'acteur fait semblant de commencer, ensuite l'acteur fait l'action requise dans la scène, puis il continue pendant 3 secondes de faire semblant et seulement après, on arrête de filmer.

Exemple de la règle des 3 secondes

Gros plan sur un homme qui mange et doit parler la bouche pleine à la table. Caméraman dit « on tourne », l'homme commence à manger et mâche pendant 3 secondes, ensuite, il parle (dit la réplique) et continue de mâcher pendant 3 secondes après avoir parlé. Finalement, le caméraman dit « coupez » et on arrête de filmer. Si vous êtes seul, c'est la même chose sauf qu'au tout début, vous appuyez vous-même sur "record" et ensuite, vous vous rendez à la table où vous commencez les 3 premières secondes, vous faites l'action et vous continuez 3 autres secondes de faire semblant. Ensuite vous retournez à la caméra pour l'arrêter.

PAS DE SON LORS DU TOURNAGE

Vous aurez remarqué que je n'ai pas parlé de son jusqu'à présent. Ceci s'explique par le fait que, dans un premier temps et pour s'éviter un tas de casse-tête, le son enregistré lors du tournage ne sera pas utilisé. Cela facilitera beaucoup le processus et la qualité du montage. On évite ainsi des difficultés techniques qui pourraient survenir lors du tournage, du transfert ou du montage. Ironiquement, bien qu'on soit dans la vidéo, les internautes qui regardent une vidéo sont prêts à supporter une image de moins bonne qualité bien avant un mauvais son.

Par ailleurs, la plupart des scénarios seront pour des vidéos musicales. La musique sera ajoutée lors du montage en post-production, c'est-à-dire dans le studio. De plus, cela élimine la barrière de la langue et permet de traduire les rôles et de les faire jouer par des acteurs qui savent jouer mais ne connaissent pas nécessairement la langue utilisée dans les chansons. Donc même si vous parlez français avec un accent terrible ou que vous ne le parlez pas du tout, vous pouvez quand même participer à ce projet. Pour l'instant, avant la traduction de ce livre et des scénarios, il est toutefois préférable que vous sachiez lire le français pour comprendre ce que j'écris!

L'ÉCLAIRAGE

L'aspect technique sur la façon de bien éclairer une séquence est un art en soi. Mais il faut se rappeler qu'ici l'intention n'est pas de gagner un prix pour la plus belle vidéo mais bien de rendre le processus le plus simple possible pour vous permettre de le faire par vous-même. Donc, je couvrirai dans ce livre un minimum au sujet de l'éclairage tout en sachant qu'il y a de l'information additionnelle sur le site internet qui accompagne ce livre pour ceux qui voudraient en savoir davantage et connaître le matériel que j'utilise personnellement (qui, soit dit en passant, est très peu dispendieux pour l'éclairage de base).

Un aspect de base est de s'assurer qu'il y a assez de lumière. Ce n'est pas le temps de filmer à la chandelle! Il est plus facile au montage d'assombrir une séquence que de l'éclaircir. À l'intérieur, vous voudrez allumer le plus de lumières possible. Quand vous avez accès à l'éclairage naturel du dehors, profitez-en et ouvrez les rideaux. Par ailleurs, assurez-vous que la source lumineuse, par exemple le soleil, soit derrière la caméra et pointe vers l'acteur et non l'inverse (évitez de filmer à contre-jour). En respectant ces deux points de base, vous aurez déjà amélioré vos chances d'obtenir une belle image.

NE JAMAIS FILMER AVEC VOTRE CAMÉRA OU TÉLÉPHONE À LA VERTICALE

Si vous placez votre téléphone ou caméra à la verticale, le ratio de la vidéo n'est plus respecté et des bandes noires apparaitront de chaque côté de la vidéo, ce qui fait très amateur et empêchera la séquence d'être retenue dans le montage final. Donc il faut TOUJOURS FILMER avec votre caméra À L'HORIZONTALE.

NE JAMAIS FILMER AVEC LES EFFETS DE LA CAMÉRA

Ne jamais filmer avec les effets inclus dans la caméra ou le téléphone (exemple: ne jamais filmer avec le "look" sépia ou imitation de vieux film). En fait, il faut toujours filmer en choisissant la meilleure qualité possible qu'offre l'appareil, mais en évitant les effets spéciaux, qui seront plutôt ajoutés en post-production. Ceci s'explique par le fait que les effets fournis avec la caméra (ou le téléphone) sont presque toujours de moindre qualité que ceux auxquels on a accès en studio avec les logiciels de montage. En plus, si on change d'avis lors du montage, il est impossible d'enlever un effet qui a été mis lors du tournage (i.e. avec la caméra).

En vous inscrivant pour avoir accès au bonus qui accompagne ce livre, vous accéderez à plus de détails (entre autres des photos et des vidéos) vous donnant d'autres trucs pour filmer les meilleures séquences possibles.

**GRATUIT
FORMATION PAR VIDÉO ET MISES À JOUR DU LIVRE**

Pour recevoir de la formation gratuite par vidéo, les mises à jour du livre, avoir accès à des ressources supplémentaires et aux autres bonus qui accompagnent ce livre, visitez:
www.vedettedunevideo.com/bonus

ÉTAPE 1 - LE SCÉNARIO À NUMÉROS

La première étape de ce projet est de s'inscrire. Donc si vous avez décidé que ce projet est pour vous, rendez-vous à l'adresse suivante: www.vedettedunevideo.com/participez.

Une fois à cette adresse, selon le moment de votre visite, vous aurez accès à divers scénarios. Après que vous vous soyez inscrit et avez choisi le scénario qui vous plait, vous pourrez le télécharger.

Avant de poursuivre, je veux m'adresser ici tout particulièrement aux gens qui en sont à leur début. Lire un scénario peut être intimidant ou froid, surtout si vous êtes novice. Comme j'expliquais plus tôt, vous avez l'habitude d'être le spectateur qui regarde le résultat final de la vidéo ou du film quand il sort sur internet ou sur grand écran. Maintenant, vous devez prendre le rôle du créateur (de l'acteur) et accepter de voir l'envers du décor. C'est-à-dire, vous filmez des scènes dépourvues des éléments qui feront partie du produit final (les effets sonores, par exemple). Le processus de création d'une vidéo comprend plusieurs étapes, dont celle du scénario. Quand on lit ce dernier, il faut déjà utiliser son talent, pour s'imaginer ce que cela peut donner à la fin. Dans certains cas, ce n'est même pas possible de le faire! Par exemple, si vous devez tourner une scène en train de manger seul à table, cette même scène peut être insérée dans une vidéo comique ou dans un drame selon les autres scènes et en fonction de la direction que le réalisateur y donnera lors du montage. Donc, il faudra parfois tout simplement avoir confiance en le processus et en le réalisateur qui lui, a en tête tous les morceaux du puzzle.

Rassurez-vous, l'idée est de vous fournir un "scénario à numéros". Je fais ici une analogie avec la peinture à numéros car le scénario est crée dans le but de vous donner le plus de détails possible sur la manière de vous filmer plutôt que de respecter le format "standard" d'un scénario de film. Il faut comprendre qu'habituellement, les scénarios servent, dans un premier temps, à attirer l'attention d'un producteur qui va avancer les fonds nécessaires pour financer le film. Ici, j'ai créé le scénario spécialement pour l'acteur et non pas pour le producteur (et je vous assure que les deux n'attendent pas la même chose d'un scénario). Le producteur cherchera à voir combien ça va lui coûter et combien ça peut lui rapporter, alors que l'acteur lira le scénario pour voir si c'est enfin le rôle qui le mettra en évidence , c'est-à-dire lui méritera un Oscar. Dans le projet qui nous intéresse, on vise à ce que le scénario précise tous les éléments pertinents à l'acteur qui le lira et s'auto-filmera. En plus, mon intention est que le scénario soit un outil simple à utiliser plutôt qu'un document complexe dont seul les gens de métier savent déchiffrer. En résumé, dans cette première étape, vous téléchargez un scénario à numéros qui vous guide, pas à pas, sur la façon de filmer chaque séquence.

Dans le scénario, la vidéo à filmer sera partagée en plusieurs scènes et chaque scène sera elle-même divisée en plusieurs séquences qui sont toutes les actions ou les prises de vues dont le réalisateur aura besoin pour faire un montage final. Par exemple, si la scène à filmer est votre arrivée à la maison d'un ami, le scénario pourrait être comme suit:

SCÈNE 1 - ARRIVÉE À LA MAISON D'UN AMI
Séquence 1 - la maison
Un plan extérieur de la maison. Filmez la façade de la maison pendant 10 secondes sans bouger la caméra. Idéalement vous placez le trépied sur le trottoir pour voir la maison et la porte d'entrée.

Séquence 2 - la sonnette
En commençant à filmer à partir de l'endroit où était le trépied dans la séquence 1, filmez en marchant du trottoir jusqu'à la

sonnette, avec votre caméra dans la main, en restant le plus stable possible. Finissez par un gros plan de la sonnette.

Séquence 3 - la sonnette (une autre version)

Mettez la caméra sur un trépied et cadrez la sonnette dans un gros plan (c'est-à-dire qu'on voit presqu'exclusivement la sonnette à l'écran). Filmez la sonnette pendant environ 6 secondes.

Séquence 4 - le doigt pousse la sonnette

Commencez à filmer cette séquence en partant du même endroit que pour la séquence 3, c'est-à-dire en gros plan sur la sonnette. Filmez 6 secondes et ensuite, emmenez votre doigt dans le cadrage de la caméra vers la sonnette et enfin appuyez sur la sonnette. Retirez votre doigt. Finalement, après 3 secondes, arrêtez de filmer.

Séquence 5 - la porte ouvre

Placez la caméra sur le trépied et cadrez la porte à la hauteur des yeux d'un adulte d'environ 6 pieds. Filmez 5 secondes la porte fermée, quelqu'un à l'intérieur ouvre la porte sans se faire voir. Continuez à filmer la porte ouverte sans voir personne pendant 6 secondes. Si vous êtes seul, voilà comment faire: vous commencez à filmer, vous ouvrez la porte, vous entrez dans la maison, vous fermez la porte, vous comptez 10 secondes, vous ouvrez la porte sans vous faire voir dans le cadre de la caméra. Vous filmez pendant 6 secondes, malgré qu'on voit personne et ensuite, vous allez arrêter la caméra.

Séquence 6 - on découvre le toutou

Laissez votre caméra à la même place que pour la séquence précédente, commencez à filmer pendant 6 secondes, baissez doucement la caméra pour filmer le toutou (que vous aurez placé auparavant) assis par terre, fixant la caméra. Arrêtez de filmer. Suivant le montage de toutes ces séquences, qui se fera à l'étape 4, la scène va suggérer que c'est le toutou qui a ouvert la porte.

Le tournage de la première scène est terminé. À noter que

plusieurs des séquences seront accompagnées (sur le site où se trouve le scénario) d'image fixe pour donner une idée de la prise de vue, ce qui est appelé "storyboard".

Dans le scénario, il vous sera dit dans quel lieu vous devez filmer la scène (exemple: dans un salon, dans la cuisine, etc). Chaque scène sera découpée en petites séquences qui seront assemblées en studio plus tard. L'intention ou l'atmosphère désiré de la scène vous sera précisé lorsqu'utile (par exemple, dans le cas où vous devez jouer une scène ou une séquence en prétendant être complètement surpris). La durée approximative d'une séquence vous sera aussi précisée pour s'assurer qu'il y ait assez de vidéo pour faire le montage. À cet effet, une des règles les plus importantes à respecter est celle des 3 secondes avant et après chaque séquence, tel qu'expliqué au chapitre précédent.

Dans la plupart des scènes, vous aurez la liberté de laisser courir votre imagination, en filmant une deuxième version de la même séquence. Ainsi, vous pourrez exploiter davantage votre créativité en proposant la séquence comme vous l'imaginez suite à la lecture du scénario. Ceux avec plus d'expérience pourront donc aller plus loin en ajoutant leur vision personnelle de la scène! Par contre, il sera important de toujours filmer et envoyer une version de la scène telle qu'elle vous est demandée. La deuxième version est optionnelle. Ainsi, le réalisateur aura le choix quand viendra le temps du montage. Il pourra éditer la vidéo avec la version originale du scénario ou celle proposée par l'acteur, en fonction de celle qui offre une meilleure perspective. Quand vient le temps de faire le montagne en studio, le réalisateur fait appel à sa propre créativité; le choix de plusieurs séquences l'aidera à réaliser la meilleure vidéo possible.

Finalement, sachez que le scénario est créé en fonction du produit final visé, c'est-à-dire une vidéo qui sera diffusée sur internet. Il faut donc tenir compte des particularités de ce médium. Par exemple, favoriser les gros plans plutôt que les plans éloignés (paysages) pour assurer le détail sur un petit écran. Filmer le scénario en plusieurs petites séquences plutôt qu'une longue scène en continu pour permettre d'accélérer le rythme de la vidéo. Raccourcir la durée des vidéos pour faciliter son téléchargement et tenir compte de la tendance sur internet de consommer rapidement.

Pour sauter dans le feu de l'action dès maintenant, vous pouvez télécharger le "Scénario à numéros" à l'adresse suivante: www.vedettedunevideo.com/participez

ÉTAPE 2 - ON TOURNE

Voilà enfin ce que tout acteur attend avec impatience: ces 2 mots "On tourne", où on lui donne la possibilité de s'épanouir, de présenter sa vision, sa performance du scénario! Arrivé à cette étape, vous avez lu le scénario et vous vous êtes familiarisé avec les actions. De plus, tout l'équipement est en place. C'est le moment magique tant attendu, vous appuyez sur le gros bouton rouge "record" et vous allez vous placer à l'endroit déterminé lors du cadrage préalable. Si vous êtes seul, vous aurez toujours quelques secondes d'enregistrement (le temps que vous alliez vous placer) de la séquence que je couperai lors du montage; même chose pour la fin car il vous faudra quelques secondes avant de rejoindre la caméra pour l'arrêter. Assurez-vous quand même d'ajouter les 3 secondes avant et après l'action, en plus du temps que vous prenez pour aller vous installer. Si vous avez une manette télécommande, il est possible d'arrêter et de repartir la vidéo à distance. Si vous avez l'aide d'un ami ou d'un conjoint, il ou elle n'a qu'à dire "on tourne" après avoir poussé le bouton "record". C'est sûr que c'est beaucoup plus facile avec de l'aide, mais je peux attester que c'est quand même faisable seul. Cela prend plus de temps, c'est tout.

Vous filmez d'abord la séquence comme elle est décrite dans le scénario. Il est important d'arrêter la caméra entre chaque séquence. Refaites aussitôt 1 ou 2 autres prises de la même séquence; comme ça, vous pourrez choisir la meilleure une fois la scène terminée. Pour ceux qui souhaitent exploiter leur créativité, faites aussi la deuxième version de la même séquence selon votre imagination.

IMPORTANT: Si quelqu'un vous aide, leur respect est très important! Vous verrez que plus vous embarquez dans un rôle, plus vous devenez vulnérable car vous laissez les émotions prendre la relève, vous baissez les gardes. Il est alors essentiel que la personne qui vous assiste puisse vous soutenir dans vos efforts plutôt que de vous décourager par des commentaires désobligeants. Un aspect difficile du jeu ou de la chanson en studio est de devoir refaire plusieurs fois la même prise pour plaire au réalisateur ou au producteur, tout en gardant confiance en soi. En effet, à force de répéter la même scène, on en vient à se demander ce que l'on fait mal. Pourquoi doit-on encore la refaire? Et doucement, le doute peut s'installer alors que cela peut être un problème de son, d'éclairage ou de cadrage et qui n'a rien à voir avec votre performance.

D'ailleurs un des "running gag" du métier de comédien ou de chanteur est l'histoire où le réalisateur, assis confortablement derrière la caméra sans devoir performer dit "C'est parfait. On en fait une autre"….

Personnellement, voici ce que je fais quand je me filme. Je filme la première séquence et je vais voir immédiatement le résultat. J'ajuste mon jeu ou ma caméra ou tout ce que j'ai vu dans la séquence qui ne me plaisait pas, puis je retourne filmer la même séquence une ou deux autres fois. Ensuite, je retourne voir toutes les séquences à la caméra mais cette fois-ci surtout pour m'assurer du cadrage (ex: si je filme le gros plan d'une main qui ouvre une porte, je m'assure que je vois bien la main à l'écran). Ensuite je passe à la prochaine séquence et je recommence le processus. N'oubliez pas que ce n'est pas le temps de s'auto-censurer ou de s'auto-critiquer; c'est le travail du réalisateur de choisir les séquences et de faire le montage à l'étape 4. De toute façon, plus souvent qu'autrement, l'acteur n'est pas la meilleure personne pour choisir les scènes. Il est trop porté à juger son "look" plutôt que la performance. L'idéal est que chacun fasse sa part; l'acteur dans ce projet joue et filme ce qui lui est demandé dans le scénario alors que le réalisateur… réalise.

Comme je l'écrivais plus tôt, si vous le souhaitez, il est possible de faire une séquence en improvisant votre façon de voir une scène. C'est un des avantages de ce genre de projet: on peut explorer et qui sait, peut-être avez-vous en vous une performance digne de mention... Mais assurez-vous d'avoir au moins la scène comme elle est demandée dans le scénario. Comme ça, si le réalisateur n'aime pas ce que vous proposez, il peut toujours prendre la scène qu'il recherchait. N'oubliez surtout pas que tout ce processus de montage est subjectif. Le réalisateur cherche à reproduire la vision qu'il a en tête. Il n'y a pas de bonnes ou de mauvaises versions mais à moins que votre performance ne le convainque autrement, il aura tendance à suivre son instinct et choisir sa propre vision. C'est sa façon à lui de performer, de créer.

Une fois que vous aurez filmé toutes les séquences du scénario, cette étape est complétée. La partie créative est terminée pour vous mais si vous voulez en récolter les bénéfices, il vous reste quelques étapes. Rien de très difficile mais essentiel pour conclure le projet. Il vous faut, entre autres, m'envoyer vos scènes et cela est précisément le sujet du prochain chapitre.

Visionnez l'exemple de ma première vidéo (où je faisais tout, tout seul). Bien avant l'arrivée de la haute définition...

Disponible à l'adresse suivante:
www.vedettedunevideo.com/bonus

ÉTAPE 3 - COUPEZ ... et ENVOYEZ

Le transport des scènes filmées depuis votre ordinateur à mon studio est payé par... internet! Cette prochaine étape est la plus technique du projet mais j'ai rendu le tout le plus simple possible pour permettre à tous d'y participer même si vous n'avez pas la bosse de la technologie.

TRANSFERT SUR VOTRE ORDINATEUR ET ENSUITE VERS MON STUDIO
Une fois que vous aurez tout filmé, vous aurez à télécharger les séquences depuis votre caméra ou téléphone vers votre ordinateur et ensuite m'envoyer ces séquences par internet. Dû à la grosseur de chaque fichier vidéo (plusieurs dizaines ou centaines de Mo, il ne sera pas possible de me les envoyer directement par courriel. Nous utiliserons donc un service internet qui permet justement de transférer des gros fichiers.

Un autre point important concernant ces fichiers vidéos est que vous devrez vous assurer que vous m'envoyez les fichiers non compressés; c'est-à-dire les fichiers originaux. Parfois la caméra a une fonction qui permet de compresser les fichiers pour les rendre plus petits et ainsi pouvoir les télécharger directement sur internet ou les envoyer par courriel. Toutefois, ces fichiers compressés sont de moins bonne qualité que les originaux qui, eux, sont en format HD. Pour faire un montage de qualité, il faut donc utiliser les fichiers originaux.

Dans le cas où vous utilisez un Iphone, vous n'aurez qu'à télécharger les vidéos sur votre ordinateur en passant par Iphoto (un logiciel gratuit qui vient avec les ordinateurs Mac) et ceux-ci seront en format MOV (format non compressé). Vous aurez, par exemple, une vidéo intitulée 039.mov. L'extension "mov" nous indique le format de la vidéo. Pour ce qui est d'une caméra, le format peut être, par exemple, en MTS (avec l'extension .mts), comme c'est le cas avec une de mes caméras Panasonic. Vous devrez m'envoyer ce fichier non compressé pour que j'aie accès à la meilleure qualité que votre caméra puisse fournir. C'est seulement après avoir fait tout le montage de la vidéo à l'aide de mes logiciels d'édition que je compresserai la vidéo finale pour qu'elle ait la plus petite taille possible (en Mo) avec la meilleure qualité de l'image (ou du moins, le meilleur rapport des deux).

À noter qu'une fois inscrit, vous aurez accès à une vidéo de formation qui vous guidera pas à pas.

BANDE PASSANTE DE L'INTERNET
L'important ici n'est pas de comprendre comment tout cela fonctionne mais plutôt de savoir que c'est possible et comment l'utiliser. La bande passante de l'internet (c'est-à-dire sa capacité de transférer des fichiers) est rendue tellement imposante que l'on peut envoyer un film à l'autre bout de la planète en l'espace de quelques minutes. Ce que cela veut dire pour le projet qui nous intéresse est que vous pouvez me faire parvenir vos séquences filmées, directement par internet, et je peux les télécharger sur mon ordinateur et en faire le montage pour la vidéo finale.

Il y a plusieurs façons de le faire mais j'en ai choisi une qui répond à deux critères importants. Premièrement, elle fonctionne bien et est assez simple, ce qui me permet de l'expliquer à quelqu'un qui n'est pas trop "techie". Deuxièmement, elle est gratuite pour l'espace dont on a besoin Si vous devez payer pour l'utiliser, cela veut dire que vous m'envoyez des vidéos trop longues.

DROPBOX POUR LE TRANSFERT
Une fois que vous aurez filmé toutes les scènes, vous devrez me les faire parvenir pour que je puisse en faire le montage dans mon studio professionnel et avec les plus récents logiciels.

Pour ce faire, le plus simple est d'utiliser le service Dropbox sur internet qui offre ses services gratuitement pour un certain espace de transfert. Une fois inscrit au projet, je vous donnerai un lien pour créer votre compte sur Dropbox et y télécharger vos séquences. Ensuite, tout ce que vous aurez à faire sera de partager les fichiers sur Dropbox et m'envoyer un simple courriel avec le lien pour que je puisse m'y rendre et télécharger sur mon ordinateur les scènes que vous aurez rendues accessibles.

Si vous avez déjà un compte Dropbox, il n'est pas nécessaire d'en créer un autre, vous pourrez prendre celui existant. Si vous n'en avez pas, vous pouvez créer votre compte en suivant les procédures décrites dans la vidéo de formation que je vous ai préparée sur la façon de créer votre compte avec Dropbox et comment l'utiliser, précisément pour ce projet.

Si jamais tout ça est trop compliqué pour vous et que vous préférez m'envoyer les séquences que vous aurez filmées en les gravant sur un DVD (sous format data), vous pourrez le faire et m'envoyer toutes vos séquences par la poste. Mais il faudra alors ajouter plusieurs jours au projet car nous allons dépendre du service de poste de votre pays et du mien. Par contre, je crois qu'avec la vidéo de formation, ce sera assez simple de se servir de Dropbox et d'utiliser internet gratuitement.

Quand on essaie une nouvelle technologie comme ça, c'est toujours une bonne idée de tester le transfert et le format avec un petit fichier d'abord. Vous serez guidé sur le site, pour m'envoyer un premier fichier vidéo d'environ 10 secondes, ce qui nous permettra de vérifier les 2 aspects suivants: que le format de la vidéo est de bonne qualité (que vous m'avez envoyer le format non compressé) et que le lien Dropbox fonctionne (que je suis en mesure de recevoir vos fichiers vidéos). Une fois que vous aurez reçu ma confirmation, vous pourrez aller de l'avant et m'envoyer tous vos fichiers.

VOUS Y ÊTES PRESQUE

Rendu à cette étape, vous avez complété plus de la moitié du processus. Par contre, il y a 3 choses auxquelles vous devez faire attention, 3 points qui pourraient vous empêcher de devenir la vedette de cette vidéo.

1er point qui peut vous empêcher de devenir la vedette d'une vidéo:

Laisser la technologie vous bloquer. Si vous rencontrez un problème lors du téléchargement des vidéos sur votre ordinateur ou du transfert vers mon studio et que vous abandonnez parce que vous ne savez pas comment le résoudre, vous ne deviendrez pas la vedette de cette vidéo. Pour corriger cette situation, vous devez regarder les vidéos de formation qui vous montre, pas à pas, comment faire. Une alternative serait de m'envoyer un courriel pour que je puisse vous assister. Vous êtes prêt de votre but, ne laissez pas la technologie être un obstacle!

2ème point qui peut vous empêcher de devenir la vedette d'une vidéo:

L'auto-censure. Vous critiquez chaque scène que vous avez filmée. Il est très important de ne pas juger votre travail d'acteur à cette étape car vous ne finirez jamais aucun projet. Ce n'est pas le temps de juger si la scène est bonne ou non. Laissez le réalisateur faire cette partie du travail. L'acteur est souvent son pire critique car il n'a pas tous les éléments pour juger la scène et s'arrête plutôt à son apparence d'un point de vue "égo". Laissez le réalisateur juger du potentiel de la séquence. En fait, il peut arriver, lors du montage, qu'une réaction imprévue puisse devenir un moment fort ou surprenant d'une vidéo. Le meilleur conseil que je peux vous donner à cette étape est d'envoyer vos séquences et de voir ce qu'en fera le réalisateur. D'ailleurs, dans la plupart des films que vous voyez à l'écran et que vous aimez tant, l'acteur n'a jamais eu un mot à dire dans le montage. Il joue de son mieux et le réalisateur utilise son propre talent, à son tour.

3ème point qui peut vous empêcher de devenir la vedette d'une vidéo:

Le processus est incomplet. Si en raison d'un des deux

premiers points ou d'un autre vous décidez de ne pas m'envoyer les scènes, il est bien évident que vous serez privé des bénéfices de devenir la vedette d'une vidéo. Rendu à cette étape, si vous avez fait les efforts de vous filmer, envoyez-moi les séquences et découvrez ce que la magie du montage peut faire! Et surtout, laissez le public éventuel être le juge, laissez-le vous découvrir et peut-être serez-vous surpris de sa réaction. Apprenez de cette expérience et si vous l'avez aimé, participez à une autre vidéo pour poursuivre votre évolution en tant qu'acteur.

N'hésitez pas, regardez les vidéos de formation, téléchargez les séquences sur votre ordinateur, inscrivez-vous sur Dropbox et envoyez-moi vos vidéos…

GRATUIT
FORMATION PAR VIDÉO ET MISES À JOUR DU LIVRE

Pour recevoir de la formation gratuite par vidéo, les mises à jour du livre, avoir accès aux autres bonus qui accompagnent ce livre, visitez:
www.vedettedunevideo.com/bonus

POUR TÉLÉCHARGER VOTRE "SCÉNARIO À NUMÉROS"
visitez:
www.vedettedunevideo.com/participez

ÉTAPE 4 - POST-PRODUCTION - EN STUDIO

"Tout arrive dans la vie à qui sait attendre" (Rabelais)

Je ne suis pas convaincu que cette citation est toujours véridique mais elle est certainement appropriée dans ce contexte. L'étape de post-production est habituellement une des plus complexes et des plus longues. C'est à cette étape que le réalisateur travaille en étroite collaboration avec un éditeur de vidéo pour tout revoir ce qui a été filmé et en faire le montage, c'est-à-dire décider quelles séquences choisir et dans quel ordre les placer pour donner un certain rythme à la vidéo en plus de raconter l'histoire désirée. C'est aussi en post-production, à l'aide des logiciels d'édition, que l'on rajoute la musique et les effets spéciaux, le cas échéant. C'est à cette étape que le réalisateur fait appel à sa créativité pour apporter sa vision au projet. C'est ici qu'il peut effectuer les derniers changements avant de présenter la vidéo finale au grand public.

Dans le projet qui nous concerne, cette étape sera pour vous la plus simple et la plus facile. Vous n'aurez rien à faire, sauf de patienter. En effet, en participant à ce projet, je vous offre mon expertise en faisant moi-même le montage de la vidéo dans mon propre studio. Je visionnerai toutes vos séquences et en ferai un montage dynamique en ajoutant la trame sonore pour ensuite le convertir à un format qui sera accessible sur Internet et sur tous les appareils électroniques, tel les téléphones intelligents et les tablettes.

Une fois que j'aurai terminé le montage, j'en ferai un rendu final pour rendre accessible la vidéo dans un format que l'internaute peut visionner en dehors du logiciel de montage. Il existe un grand nombre de formats de vidéo sur internet mais peu offrent un bon rendu de la vidéo tout en étant petits à télécharger. Ainsi, je compresserai la vidéo pour y donner le meilleur ratio possible, c'est-à-dire la meilleure qualité visuelle possible tout en gardant le fichier petit pour assurer un téléchargement rapide sur internet.

En participant à un tel projet, non seulement vous deviendrez la vedette d'une vidéo mais vous aurez accès à votre vidéo sur une page internet que je vous aurai tout spécialement créée, ainsi que sur YouTube, ce qui simplifiera et élargira la diffusion et le partage de votre vidéo. Découvrez la dernière étape de ce projet: Partagez et profitez…

Vous pouvez aussi vous rendre sur le site qui accompagne le livre pour y visionner l'exemple d'une vidéo avant et après le montage en studio…

**VISIONNEZ UN EXEMPLE
DE QUELQUES SCÈNES DE VIDÉO AVANT ET APRÈS LE
MONTAGE EN STUDIO**

Pour recevoir de la formation gratuite par vidéo, les mises à jour du livre, avoir accès aux autres bonus qui accompagnent ce livre, visitez:
www.vedettedunevideo.com/bonus

ÉTAPE 5 - PARTAGEZ ET PROFITEZ

Cette dernière étape est la cerise sur le gâteau. La récompense du guerrier. Les applaudissements à la fin d'un spectacle. Une fois que j'aurai terminé le montage de la vidéo, je vous enverrai un lien où vous pourrez visionner la version finale avant de la diffuser au grand public. Suivront le téléchargement sur YouTube, la création d'une page internet pour afficher la vidéo et le partage sur les réseaux sociaux.

À cette étape, en plus de rendre disponible la vidéo dans les réseaux sociaux, je vous offrirai de la formation pour savoir comment la partager avec le plus grand impact possible et ainsi encourager sa diffusion. Vous aurez accès à des exemples que vous pourrez envoyer par courriel pour susciter une réaction, une participation de la part des internautes. Puisque le travail de la création est fait, aussi bien profiter des applaudissements, des réactions, des commentaires, des partages!

Par exemple avec YouTube, il existe une façon plus efficace de nommer la vidéo pour assurer un plus grand impact dans le nombre de vues. Il y a les mots clés à sélectionner et ajouter pour que la vidéo soit plus facilement trouvée sur internet. Dans le cas qui nous intéresse, on va aussi inclure le nom de l'acteur dans le titre de la vidéo. Comme ça, si quelqu'un fait une recherche pour trouver une vidéo avec votre nom, celle-ci sortira dans l'engin de recherche de YouTube, qui, soit dit en passant, est le deuxième plus important engin de recherche sur internet après Google. En plus, YouTube appartient à Google donc si vous vous classez bien sur YouTube, cela aidera à être découvert sur Google. En plus des mots clés, il est aussi important d'inclure une description et une image qui apparaitra comme "thumbnail". Il faut savoir comment créer et choisir cette image qui apparaitra quand l'internaute fait une recherche. Si celle-ci n'est pas de bonne qualité et attirante, les internautes ne vont tout simplement pas cliquer pour regarder la vidéo. C'est la même chose avec Facebook, Google+, Twitter ou le courriel.

L'objectif de cette étape est de favoriser le partage par l'entremise de pratiques qui aideront à rendre la vidéo virale. Notamment, il est souhaitable pour vous faire remarquer, de profiter de la diffusion et du partage par les internautes eux-mêmes, suite aux efforts déployés pour la rendre accessible dans le plus grand nombre d'endroits et sur le plus d'appareils électroniques possible.

Arrivé à ce stade, il ne vous reste plus qu'à partager la vidéo finale et profiter de votre statut de "vedette d'une vidéo sur le web" ! Vous aurez toutefois à décider si vous répondez à vos "fans" qui vous laisseront des commentaires ou qui en demanderont plus.

De votre côté, vous vous demanderez…

ET MAINTENANT QUE J'AI LA PIQÛRE...

Imaginez-vous quelques instants… à la fin de ce projet: vous avez lu le scénario, filmé toutes les scènes, vous m'avez envoyé vos séquences, j'en ai fait un montage vidéo, je l'ai mis sur internet et la vidéo se fait partager sur les réseaux sociaux et visionner sur YouTube… Imaginez qu'on a aimé votre performance, qu'on vous écrit pour savoir quand est-ce votre prochain rôle? Imaginez que vous avez adoré votre expérience. Imaginez que, tout comme la plupart des gens, quand ils ont l'opportunité de jouer un rôle sur scène ou devant la caméra, vous y avez tellement pris plaisir que vous en redemandez! La sensation, le plaisir, l'adrénaline que vous retirez à être la vedette sont telles que vous voulez connaitre la suite. Vous vous dites: "Et maintenant quoi? Quelle est la prochaine étape? Quelles sont mes options maintenant que j'ai la piqûre, maintenant que j'en ai pris goût?"

Bien sûr, vous vous imaginez bien que, comme tout bon auteur qui se respecte, j'ai prévu la suite. Effectivement, depuis ses tous débuts, ce livre, ce projet n'est qu'un acte dans un plus grand scénario. Mon intention est d'ouvrir encore plus grandes les portes du show-business. Avec ce projet, vous avez pu participer à une vidéo. Dans la suite que j'ai imaginée et qui, j'en suis convaincu, prendra des allures grandioses, voici ce qui s'offre a vous.

Premièrement, vous avez bien sûr la possibilité d'arrêter maintenant, si vous le désirez, et de simplement profiter de ce que la vidéo peut vous apporter maintenant qu'elle est complétée et disponible sur le web.

Or, si vous avez la piqûre, voici ce qui vous est proposé: Vous pouvez recommencer le même processus avec une nouvelle vidéo, c'est-à-dire, avec un nouveau scénario que je vous préparerai. D'ailleurs, le fait de vous inscrire sur le site qui accompagne ce livre vous permet d'être au courant des nouveaux rôles ou scénarios, au fur et à mesure qu'ils deviennent disponibles.

Également, certains des participants seront plus intéressés au côté business du show-business. Il y a alors la possibilité d'apprendre comment vendre sur internet en devenant affilié à ce projet pour le vendre en échange d'une commission.

MAIS SURTOUT, vous pouvez continuer en allant plus à fond dans le processus de création, dans le domaine du show-business. En participant à ce projet, vous avez eu accès à un scénario déjà écrit. Bien sûr, vous pouviez soumettre votre version des scènes que vous filmiez mais vous partiez d'un scénario déjà complété. Ce que je propose à ceux qui auront eu la piqûre, est de participer à un projet à partir du début du processus de création permettant ainsi d'y exploiter davantage leur créativité. Je vous propose de faire partie du **"MAKING OF... "** d'une web-série. Dans ce cas, j'ouvre les portes du show-business non seulement aux acteurs mais aussi aux chanteurs, auteurs, compositeurs, arrangeurs, illustrateurs et même à ceux qui ne veulent pas nécessairement participer comme créateurs mais plutôt être parmi les premiers à découvrir ce nouveau concept et à en parler autour. À savoir, en parler sur les réseaux sociaux, au bureau, à découvrir en primauté ce nouveau concept, cette nouvelle web-série en collaboration. Vous pourrez y participer comme créateurs ou comme observateurs tout en offrant vos suggestions quant à la suite de l'histoire, si vous le désirez. Donc si vous êtes curieux de savoir comment fonctionne le tout ou si vous avez un talent artistique, vous pouvez en connaître davantage en vous rendant sur www.AvantToutLeMonde.com

L'intention est la même que ce projet: si vous avez du talent, je vous invite à le développer et à l'exploiter en collaborant à une web-série depuis le début du processus de création jusqu'à la distribution au grand public. Je vous invite à à prendre part au « MAKING OF » de la première web-série qui permet aux gens avec talent, partout sur la planète, de participer à partir de leur maison, selon leur horaire et sans aucune expérience préalable. Je vous propose de découvrir ce concept innovateur AvantToutLeMonde.com

---

DÉCOUVREZ LES DÉTAILS POUR LA SUITE

www.AvantToutLeMonde.com

CE QUE VOUS POURREZ MONTRER À VOS PETITS ENFANTS

Je veux terminer ce livre en vous donnant un aperçu en rafale de ce que peut vous apporter la participation à ce projet "Comment devenir la vedette d'une vidéo sur le web". Chacun a son propre intérêt pour participer à une création artistique, mais voici quelques-uns des bénéfices que vous pourrez goûter:

- Vous aurez une vidéo sur le web, à partager sur les réseaux sociaux, avec les gens qui vous entourent et ceux que vous ne connaissez pas.
- Certains auront réalisé un vieux rêve que d'essayer le métier d'acteur; pour d'autres, cette opportunité ne sera qu'une étape de leur carrière, un rôle parmi d'autres.
- Vous aurez une vidéo de plus dans votre portfolio pour montrer votre talent, pour vous faire remarquer sur le net.
- Vous apprendrez de ce rôle et ainsi deviendrez meilleur acteur.
- Vous ajouterez une corde à votre arc et une autre occasion de vous faire remarquer sur internet.
- Pour les gens qui sont surtout curieux face au show-business, cela vous aura permis de découvrir comment ça fonctionne.
- Certains entameront un nouveau passe-temps: jouer à l'acteur.
- Vous aurez participé à une vidéo virale.
- Vous serez le sujet du jour au bureau.
- Vous aurez la possibilité de vous "vanter" dans les partys!
- Vous laisserez une trace dans la société - du moins sur

internet.

- Vous aurez eu l'opportunité de développer une passion - d'avoir le sentiment d'accomplissement par la création.
- Pour certains, cette opportunité sera la première d'une grande aventure et peut-être le début d'une participation à une web-série (www.avanttoutlemonde.com).
- Vous aurez quelque chose d'original à montrer à vos petits enfants.

En conclusion, sachez que j'ai essayé, au mieux de mes habiletés, de rendre le processus le plus simple possible. Je peux affirmer, pour l'avoir vécue à plusieurs reprises, que la méthode proposée fonctionne. J'ai dirigé et aidé plusieurs personnes dans leur première performance devant une caméra. Tout ce qui manque à présent pour que vous "deveniez la vedette d'une vidéo sur le web" est votre participation. Allez tout de suite vous inscrire sur le site qui accompagne ce livre, si ce n'est pas déjà fait. Vous aurez accès à plusieurs vidéos de formation ainsi qu'à des articles qui complètent le livre. Vous aurez également accès aux nouvelles mises à jour de ce livre interactif ainsi qu'aux annonces de nouveaux rôles. Surtout, écrivez-moi vos commentaires, vos suggestions et vos questions pour je puisse améliorer, clarifier et enrichir davantage le processus.

En espérant collaborer avec vous par les voies de l'internet et qui sait, peut-être un jour vous rencontrer en personne, je vous souhaite d'ici là, une bonne continuation dans vos désirs artistiques et surtout je vous souhaite de croire en votre talent pour saisir cette opportunité et en récolter les nombreux bénéfices.

Alain Pomerleau, votre directeur virtuel

THE END …

La suite bientôt disponible
sur un écran près de vos yeux!

GRATUIT
FORMATION PAR VIDÉO ET MISES À JOUR DU LIVRE

Pour recevoir de la formation gratuite par vidéo, les mises à jour du livre, avoir accès aux autres bonus qui accompagnent ce livre, visitez:
www.vedettedunevideo.com/bonus

ou

POUR TÉLÉCHARGER VOTRE "SCÉNARIO À NUMÉROS"
visitez:
www.vedettedunevideo.com/participez

Ou

DÉCOUVREZ LES DÉTAILS POUR LA SUITE

AvantToutLeMonde.com

---

www.ingramcontent.com/pod-product-compliance
Lightning Source LLC
Chambersburg PA
CBHW060428050426
42449CB00009B/2183